SUPPLÉMENT AU BULLETIN
DU
RUCHER DES ALLOBROGES
ET DE LA
SOCIÉTÉ d'APICULTURE de la Hte-SAVOIE

AGENDA
DES
APICULTEURS

par Alfred MINORET,

PRÉSIDENT DU *Rucher des Allobroges.*

PRIX : 40 CENTIMES.

En vente chez l'auteur, à St-Alban-des-Villards (Savoie)

ALBERTVILLE
IMPRIMERIE J.-M. HODOYER
1896

Aux Apiculteurs

DES DEUX DÉPARTEMENTS DE SAVOIE

Vous avez déjà un *Bulletin* qui vous tient au courant des progrès de la science apicole et vous donne le détail des opérations à faire au rucher.

Voici un *vade mecum* où vous trouverez le résumé clair et complet des travaux à faire en chaque saison, et des pages agencées pour noter vos observations et la comptabilité de votre rucher.

J'ai condensé pour vous mes observations personnelles et celles que renferment les ouvrages de MM. Voirnot, Bertrand, Hamet, de Layens, Froissard, Wathelet, Maujean, etc. Ces maîtres ne m'en voudront certainement pas d'avoir été un pillard; tous n'ont en vue que la vulgarisation de la science apicole, et c'est pour en faire profiter le public que j'ai glané quelques épis dans leurs riches moissons.

A. MINORET.

AGENDA

de l'apiculteur

à

( )

Année 189 .

Société dont l'apiculteur fait partie :

Président, M.

Vice-Présidents M.
M.

Secrétaires M.
M.

Trésorier central, M.

Bibliothécaire, M.

Nombre de membres au 1er Janvier 189 :

Section de

Président, M.

Délégué, M.

Vice-Présidents M.
M.

Secrétaire, M.

Trésorier, M.

Nombre de membres au 1er Janvier 189 :

Noter les détails à retenir de sa gestion apicole.
Se garder des opérations nuisibles.
Continuer et répéter les bonnes.

Il est avantageux de faire partie de la Société d'apiculture de sa région :

1° Les Sociétaires reçoivent un bulletin où ils trouvent : le résumé des travaux à exécuter chaque mois au rucher, les observations et les découvertes nouvelles, les divers usages du miel, les renseignements administratifs, etc.

2° Ils profitent de la bibliothèque, ce qui leur permet de connaître les bons livres apicoles et de recourir, à un moment donné, à tout ouvrage pouvant leur être utile.

3° Ils peuvent prendre part aux expositions organisées par la société, obtenir des récompenses, faire apprécier leurs produits, voir les appareils de toutes sortes et leurs perfectionnements et, par suite, faire un choix judicieux des objets qui leur sont nécessaires.

4° Ils peuvent assister à des conférences où ils apprennent à manipuler les abeilles, à construire une partie de l'outillage et du matériel apicoles. En outre, ils ont l'avantage de s'y rencontrer avec des amis et des personnes expérimentées qui leur donnent avant et après la séance des renseignements utiles et pratiques.

5° Ils jouissent des remises faites aux sociétaires par les marchands de cire et articles d'apiculture.

6° Enfin, ils ont un écoulement plus facile pour leurs produits, *car ils tiennent à honneur de ne vendre que des miels absolument purs*. Ils ferment ainsi les portes de la France aux miels étrangers et obligent les falsificateurs à disparaître.

Ce qu'il faut savoir.

Celui qui veut élever des abeilles avec profit n'a pas besoin d'être un savant ; mais il ne faut pas non plus qu'il soit un ignare.

1° Il doit d'abord s'instruire suffisamment pour ne pas être déçu dans son attente. L'apiculture est une science, et la ruche demande à être étudiée et manœuvrée d'une façon judicieuse. Avant de se lancer, il faut étudier les ressources mellifères de sa région : les ruches se pèsent et ne se comptent pas, dit un vieux proverbe. On ne peut faire de l'apiculture partout de la même manière : dans les montagnes, où le miel est excellent, il faut viser à la récolte ; dans les plaines, où il est de qualité inférieure, il faut faire de l'élevage. On ne peut pas avoir à la fois miel et essaims.

*
* *

2° L'apiculture s'impose à tout cultivateur soucieux de l'avenir de ses récoltes et de la prospérité de son exploitation. Les abeilles, en butinant sur les fleurs, sont un des plus puissants agents de fécondation de ses arbres et des plantes de ses cultures. Les fleurs fournissent le miel aux abeilles et les abeilles changent les fleurs en fruits. — L'apiculture est surtout l'industrie du pauvre; elle peut devenir pour lui une source sérieuse de bien-être. Les abeilles sont les animaux domestiques qui rapportent le plus proportionnellement à ce qu'ils coûtent.

*
* *

3° La ruche ne fait ni l'abeille ni le miel, mais elle favorise l'élevage de l'abeille et l'emmagasinage du miel. Il faut savoir donner un œuf pour avoir un bœuf. Celui qui veut tirer tout le parti possible de ses abeilles doit transformer ses anciennes ruches en ruches à cadres. La ruche mobile est un livre ouvert et la ruche fixe un livre fermé dont les feuillets ne se comptent pas. Cependant, la meilleure ruche mobile, entre les mains de celui qui ne sait pas s'en servir, vaut moins que le vulgaire capot du vieux temps. Avant de vouloir inventer des ruches ou essayer de perfectionner celles qui existent, il faut commencer par apprendre à s'en servir et étudier sérieusement l'apiculture. Les ruches, sur les catalogues, sont toutes parfaites, comme les femmes avant le mariage. Les races d'abeilles sont aussi comme elles; il faut vivre avec pour savoir ce qu'elles valent.

*
* *

4° Pour réussir en apiculture, il faut des populations colossales au moment précis de la récolte et des ruches suffisamment agrandissables pour loger ces populations, leur nombreux couvain et les récoltes stupéfiantes qu'elles amassent. Les grandes populations rapportent infiniment plus que les petites. — Les étouffeurs sont des inconscients qui coupent les branches de leurs arbres pour en cueillir les fruits et qui tuent leurs poules pour en prendre les œufs.

*
* *

5° La France ne produit pas assez de miel pour sa consommation; elle en achète chaque année pour plusieurs millions à l'étranger, et du plus ou moins pur. L'usage du vrai miel est un brevet de longue vie : à lui seul, il vaut un grenier, une cave et une pharmacie.

Après l'hiver.

MARS

1. — C'est en mars que commence l'année apicole. Ne pas se presser pour *visiter l'intérieur* des ruches à cadres, *mais veiller aux provisions*. Du 1er mars au 1er mai, une forte ruche a besoin d'une douzaine de kilos de miel pour l'élevage du couvain. C'est encore trop tôt pour donner du miel ou du sirop *liquide*; il faut du sucre en plaques, ou une pâte composée dans la proportion de 1 kilo de miel chaud pour 4 kilos de sucre en poudre. Des rayons operculés feraient encore mieux l'affaire. La nourriture se distribue le soir et autant que possible par dessus la ruche. En donner au moins deux kilos à la fois. Pour nourrir les ruches en paille tout à fait faibles, il est bon de les transporter dans une cave ou dans une pièce obscure et chauffée. Attendre le mois d'avril pour le nourrissement spéculatif.

2. — Si aux premières sorties la neige couvre encore la terre, répandre au-devant des ruches de la paille ou des balles d'avoine.

3. — C'est le moment d'organiser le rucher, de mettre les ruches à la place qu'elles doivent occuper et de faire ses achats. Choisir de grandes ruches, assez lourdes mais pas trop, bien peuplées, avec des rayons droits, pas moisis et pas trop vieux. Pour le transport, s'arranger de manière que l'air puisse pénétrer au sein de la colonie. Pour rajeunir et améliorer la race, il serait bon d'échanger chaque année une ou deux ruches avec un apiculteur éloigné de quelques kilomètres.

4. — Enfumer les ruches avant de les toucher, et éviter, pendant les manipulations, les mouvements brusques et les secousses.

5. — A la fin mars, après une quinzaine de beaux jours et de sorties générales, quand les abeilles rentrent chargées de pollen, visiter les ruches à fond et *disposer le nid à couvain*. Faire cette visite en plein midi. En profiter pour nettoyer proprement le plateau et le saupoudrer de sel en poudre. Mettre les ruches d'aplomb. — Ceux qui écartent les cadres pour l'hivernage doivent les rapprocher. Généralement, on donne 36 millimètres de centre à centre. Cowan réduit à 32 pour empêcher l'élevage des bourdons, Dadant met 38. — Supprimer les rayons déformés et ceux à cellules de mâles; les remplacer par d'autres à cellules d'ouvrières. Ne pas donner de cire gaufrée ni de cadres à construire : c'est encore trop tôt. Avoir bien soin de ne pas diviser le nid à couvain. Gratter les rayons qui contiennent du pollen moisi.

6. — La chaleur est plus nécessaire que jamais à cause du couvain. Ne rien enlever des couvertures d'hiver; supprimer les courants d'air, rétrécir les ouvertures. L'air se renouvelle suffisamment par les allées

et venues des abeilles. — Remettre les toiles cirées : l'humidité, nuisible en hiver, est utile au printemps.

7. — Mettre à proximité des ruches de l'eau salée et de la farine, là où il n'y a pas de fleurs printanières pour fournir le pollen.

8. — C'est une grosse faute de *tailler* les ruches fixes. Les abeilles ne peuvent pas encore bâtir et la taille met le couvain à nu. La récolte doit se faire après la grande miellée ; il ne faut couper que les cellules de mâles et ce qui est fortement moisi.

9. — Voir, sur le *Bulletin* et sur les traités d'apiculture, le pourquoi de chaque chose. Noter ses observations avec soin.

Visite générale, éviter le pillage ;
Et du couvain aussi stimuler l'élevage.

Au printemps.

AVRIL

1. — Attention ! Les colonies ne sont pas encore hors de danger : les ruches périssent souvent à la fin du printemps, faute de vivres. Ne pas se fier aux fleurs printanières : l'apport quotidien ne suffit pas à l'alimentation de chaque jour. Les rayons sont pleins de couvain, la consommation est énorme. Beaucoup de miel fait beaucoup d'abeilles, beaucoup d'abeilles font beaucoup de miel. Dès l'apparition des premières fleurs, on peut donner du miel liquide ou du sirop : 5 kilos de sucre pour 3 litres d'eau et une poignée de sel. Distribuer en une seule nuit toutes les provisions nécessaires.

2. — 45 jours avant l'époque de la grande miellée, on peut commencer le nourrissement stimulant, c'est-à-dire par petites quantités pour activer la ponte. C'est une arme dangereuse Il ne donne de bons résultats qu'avec les colonies *fortes en abeilles et très riches en miel*, et seulement quand la température extérieure est bonne. Présenter aussi la nourriture le soir, mais en bas, sur le plateau. Rétrécir les ouvertures et éviter soigneusement de laisser du miel dans le voisinage des ruches.

3. — Ne pas se presser pour agrandir et mettre les hausses. Eviter les courants d'air dans le nid à couvain et n'ouvrir les ruches que par le beau temps : une visite intempestive peut amener la loque. — S'il y a des apports de miel, on peut donner des rayons gaufrés à bâtir. Les placer entre le dernier et l'avant-dernier rayon. En mettre au plus deux à la fois, un de chaque côté, et ne pas diviser le nid à couvain. Se défier des cires gaufrées à bon marché. — Si on veut remplacer un cadre contenant du couvain, on le place le dernier du groupe à couvain et on attend son éclosion pour le faire disparaître. S'il y en a plusieurs à remplacer, opérer progressivement. — Les vieilles colonies construisent ordinairement en cellules de mâles : ne pas mettre près du nid à couvain des cadres simplement amorcés.

4. — A la fin d'avril, les ruches faibles sont des *non-valeurs pour la récolte*. C'est plus avantageux de les réunir à d'autres que de les nourrir. S'il s'agissait d'une ruche d'élevage, avec une bonne reine, on la fortifierait au moyen de cadres de couvain pris à une forte colonie. — Réunir aussi les colonies orphelines. Si une de ces colonies était très forte, on pourrait la tirer d'affaire en lui donnant une reine ou en lui faisant élever une *mère de sauveté*. Dans ce cas, prendre du couvain dans la meilleure ruche. Surveiller les reines achetées à l'étranger; elles apportent quelquefois la loque.

5. — Pour les apiculteurs qui veulent transformer leurs ruches, c'est le moment de faire les transvasements. Choisir pour cela une belle journée et attendre que les abeilles commencent à récolter. Ce

n'est pas la peine de transvaser les petites ruches, et celles qui sont très fortes peuvent rendre davantage par l'essaimage.

6. — Détruire la fausse-teigne. — Tenir proprement son rucher.

7. — C'est le moment de faire la chasse aux grosses guêpes. Chacune d'elles est une reine : autant on en détruit, autant on détruit de nids.

8. — Etudier sur le *Bulletin* et les traités d'apiculture le détail des opérations. Noter ses observations.

Au mois d'avril, ajoutez des rayons
Pour obtenir fortes populations.

L'époque des essaims.

MAI

1. — La consommation augmente toujours; en cas de mauvais temps, surveiller les provisions.

2. — On ne peut avoir à la fois des essaims et du miel : choisir vers lequel de ces produits on veut faire tendre l'activité de ses abeilles. Pour avoir du miel, empêcher l'essaimage : à cet effet, la reine doit avoir toujours des alvéoles pour pondre, les butineuses des rayons pour mettre le miel, les cirières des cadres à bâtir dans le grenier à miel. — Il faut au nid à couvain 10 à 12 grands cadres On peut y intercaler des rayons bâtis pris dans la ruche, mais pas de cire gaufrée : elle pourrait s'effondrer ou faire l'office de planche de partition; pas de cadres amorcés non plus : *les ruches en pleine activité ne construisent guère que des rayons à cellules de mâles.*

3. — Agrandir dès le commencement de la récolte, par l'addition de cadres ou de hausses. Laisser les couvertures, car l'agrandissement fait un vide qui refroidit la ruche. Il est avantageux que les cadres de la hausse soient perpendiculaires à ceux du couvain. Cependant, pour faire monter plus vite les abeilles, il est préférable de les placer dans le même sens et de mettre un grand rayon qui descende jusqu'en bas pour servir d'échelle. Pour les sections, se servir de casiers et de séparateurs.

4. — Essaim de mai, vache à lait. Si on veut des colonies, ne pas attendre que les ruches essaiment : faire ses essaims artificiellement. Leur donner deux cadres bâtis et intercaler deux ou trois cadres amorcés de rayons naturels ou artificiels : *les essaims commencent presque toujours par construire la valeur de trois ou quatre grands cadres en cellules d'ouvrières.* Il est bon de nourrir la souche et l'essaim avec du sirop liquide un peu salé; le nourrissement de l'essaim est de rigueur si le temps est mauvais. Il faut attendre l'apparition des premiers bourdons, et n'opérer que par une belle et chaude journée, aux heures où les butineuses sont aux champs. Ne faire essaimer que les ruches fortes en population et en provisions.

5. — Surveiller les essaims naturels. — Réunir les faibles deux à deux. Les porter immédiatement à la place qu'ils doivent occuper et les soigner comme les essaims artificiels.

6. — Si on tient à conserver les essaims secondaires, les fortifier en leur donnant de suite du couvain operculé et aussi du jeune couvain pour empêcher les abeilles de fuir lors du vol nuptial de la reine. Si on veut les éviter, trois ou quatre jours après la sortie de l'essaim primaire, mettre celui-ci à la place de la souche.

7. — Les rayons empruntés pour les colonies faibles doivent être prélevées sur les ruches moyennes : les ruches fortes ne le sont jamais

trop pour la récolte. Mieux vaudrait les renforcer encore : une bonne ruche donne plus de miel que deux ou trois moyennes.

8. — C'est le moment de faire l'élevage des reines.

9. — Ces notes ne sont que pour mémoire. Voir sur le *Bulletin* et les traités d'apiculture la manière d'opérer. Noter avec soin le commencement de la miellée.

Vous approchez de la grande miellée;
Rayons encore, ou bien cire gaufrée.

La grande miellée.

JUIN

1. — Ne toucher aux ruches, pendant la grande miellée, que pour donner de la place à remplir et récolter ce qui est plein. En ce moment, une opération quelconque cause toujours une perturbation qui ralentit l'activité de la ruche. Ne pas approcher les abeilles par les temps orageux; sinon, gare les piqûres!

2. — Ne pas craindre de mettre trop de rayons : les abeilles aiment à disséminer le miel pour le faire évaporer rapidement. C'est une mauvaise spéculation que de faire construire des cadres en ce moment: les rayons bâtis sont d'une grande utilité. Intercaler les rayons vides entre le couvain et les rayons pleins : les abeilles, dans les ruches horizontales, logent toujours le miel à côté du couvain.

3. — Mettre au plus vite les calottes sur les ruches fixes en y plaçant intérieurement un bout de bois, ou mieux un morceau de rayon qui servira d'échelle aux abeilles.

4. — Abriter du gros soleil les ruches à simples parois. Donner à toutes beaucoup d'aération en soulevant le devant sur des cales : le pillage n'est pas à craindre en pleine récolte.

5. — Ce n'est pas le moment de faire des transvasements ni de transporter les ruches en pleine activité. Les déplacements pendant la récolte font perdre aux abeilles un temps précieux et offrent de grands dangers, surtout pour les essaims : le miel coule, les rayons s'effondrent et alors... adieu ruche et récolte!

6. — On peut placer des bourdonnières; mais ce n'est pas quand les mâles sont nés qu'il faut les détruire : on doit les empêcher de naître.

7. — En plaine, il faut extraire le miel de sainfoin avant la floraison des châtaigniers (voir le chapitre suivant). Le miel printanier est de plus bel aspect et meilleur que celui qui est récolté plus tard.

8. — Préparer son outillage pour la récolte et chercher dès à présent un débouché pour ses produits.

9. — Noter avec soin, pour s'en rappeler les années suivantes, les jours de grande miellée. L'apiculture est une science de temps et de lieu; celui qui s'y livre doit étudier et observer continuellement. Connaître les méthodes rationnelles ne suffit pas, il faut savoir en faire l'application d'une manière convenable et en temps opportun.

Laissez à son travail l'abeille au mois de juin,
Mais sachez récolter rayon de miel surfin.

La récolte.

JUIN et JUILLET

1. — Il ne faut récolter le miel que lorsque les rayons sont operculés au moins aux trois quarts. Trop attendre diminue la finesse du miel, qui prend un goût de cire et rend les abeilles paresseuses. L'enlèvement des rayons au fur et à mesure donne une augmentation de récolte qui paie largement ce surcroît de travail, et permet d'obtenir des produits de choix et de différentes qualités. Les sections doivent être enlevées aussitôt qu'operculées; de même pour les calottes. Un capot enlevé doit être remplacé immédiatement par un autre. — Ne pas toucher le corps de ruche dans les Dadant, ni les 10 cadres réglementaires du nid à couvain dans les Layens, sauf en cas de deuxième récolte; mais, de grâce, ne pas extraire les rayons qui contiennent du couvain. — Pendant la récolte, le meilleur moment d'opérer est le milieu du jour; quand les abeilles n'ont plus rien à butiner, il faut prendre le miel de préférence le soir, sous peine de pillage. Ne donner les rayons vides et les débris que le soir et à l'intérieur des ruches. Bien fermer toutes les ouvertures. Avec les abeilles, il faut aller vite et doucement.

2. — L'extracteur est le complément indispensable des ruches à cadres Le miel est une substance hygrométrique : il est nécessaire de l'extraire par un temps sec. En le sortant de l'extracteur, le mettre dans un grand vase, en bois, en fer blanc, ou en terre, avec un robinet en bas. Le miel épais et pur est au fond; par dessus, il y a les paillettes de cire et le miel liquide qui a besoin d'être évaporé au soleil ou au bain-marie. Tous les deux ou trois jours, enlever l'écume sur le miel tant qu'il s'en forme. Broyer les rayons des calottes pendant qu'ils sont chauds, pour que le miel coule bien; il y a des couloirs très pratiques pour égoutter les rayons.

3. — Fabriquer l'hydromel et le vinaigre de miel.

4. — Après une quinzaine de jours, tirer le miel du récipient et le loger dans les pots où on veut le conserver. Attendre qu'il soit pris et le recouvrir avec une rondelle de papier parcheminé trempé dans de la bonne eau-de-vie. Mettre par-dessus un couvercle ou un papier double serré avec une ficelle, pour l'empêcher d'absorber l'eau en suspens dans l'air; le porter dans un endroit frais et sec, jamais à la cave.

5. — On peut transporter les ruches à la montagne. En voyage, donner beaucoup d'air, surtout par dessus. Voyager de nuit, si possible Ne pas transporter des essaims; les cadres neufs s'effondrent souvent.

6. — Recueillir les petits essaims tardifs que l'on trouve dans quelques ruchers mal tenus : ils ont de jeunes reines qui peuvent servir à remplacer celles des ruches qui n'ont pas beaucoup prospéré.

7. — Noter avec soin la quantité de miel récoltée dans chaque ruche.

Laissez toujours du miel près du nid à couvain,
Evitez que ce nid ne devienne orphelin.

Après la première récolte.

AOUT

1. — Une première récolte précoce permet à la reine de continuer sa ponte et les ruches demeurent populeuses. Ce sont les abeilles nées en août et septembre qui sont les meilleures pour l'hivernage et pour l'élevage du couvain au printemps. Donc, entretenir la ponte à cette époque : en plaine, les sarrazins suffisent; à la montagne, il est quelquefois nécessaire de la stimuler comme en avril. — Egaliser les colonies en prenant du couvain aux fortes pour le donner aux faibles, ou mieux en permutant les bonnes ruches avec les mauvaises. — Réunir les ruches cloches faibles par le culbutage, en mettant dessous la ruche à faire disparaître,

2. — S'il fait beau ensuite, pluie d'août donne miel et moût. La deuxième récolte produit un miel de qualité inférieure; on peut en profiter pour faire construire des rayons. Conserver des cadres pleins pour le nourrissement des colonies nécessiteuses et pour avancer les essaims de l'année suivante. Ne pas trop attendre pour extraire la deuxième récolte, afin de pouvoir disposer de bonne heure les ruches pour l'hivernage. Ne pas faire lécher les cadres hors des ruches : la cire serait rongée et il pourrait en résulter un pillage général.

3. — C'est le moment de faire élever les reines de races étrangères ou pour les croisements. Les bourdons, dans les colonies ordinaires, ont disparu. On garde ceux de la ruche que l'on veut en la nourrissant abondamment. Ne pas installer à l'arrière-saison des abeilles dans une ruche neuve.

4. — La fausse teigne et le pillage sont à craindre dans les colonies orphelines : réunir ces dernières ou leur donner une reine. C'est le moment d'acheter des reines étrangères : à cette époque, elles sont relativement à bon marché. Le sphinx tête de mort apparaît au mois d'août : réduire le trou de vol à 7 millimètres de hauteur pour l'empêcher d'entrer.

5. — Retenir les abeilles des étouffeurs; c'est un moyen excellent et peu dispendieux pour renforcer les colonies faibles : une forte ruche ne consomme pas plus qu'une faible.

6. — Préparer pour le concours ses plus beaux produits : joindre la quantité à la qualité, car l'eau va toujours au moulin.

7. — Noter ses observations.

Au mois d'août, prenez soin de chaque colonie;
Puis, égalisez-les : la récolte est finie.

La mise en hivernage.

SEPTEMBRE et OCTOBRE

1. — Assurer des provisions suffisantes pour ne pas être obligé de nourrir au sortir de l'hiver : 15 kilos au minimum. Trois décimètres carrés de rayons pleins des deux faces font un kilo. Si les rayons font défaut, compléter les provisions avec du sirop très épais. (7 kilos de sucre, 4 litres d'eau, une poignée de sel, 3 cuillerées de vinaigre). Donner toutes les provisions en une seule fois et au commencement de septembre, pour que les abeilles aient le temps de les operculer. Les cadres remplis à moitié ou aux trois quarts sont les meilleurs pour l'hivernage; mettre aux extrémités du nid à couvain ceux qui sont entièrement remplis. On peut operculer artificiellement des rayons de sirop : verser lentement le sirop dans les alvéoles, couvrir avec un papier buvard et approcher un fer à repasser légèrement chauffé. Les provisions non operculées sont de nature, en cas de réclusion un peu longue, à donner la dysenterie aux abeilles. Laisser une dizaine de cadres.

2. — Enlever les hausses et les cadres vides et inoccupés. Oter les planches et les toiles cirées. Mettre un bon coussin de balles d'avoine ou de mousse sèche : il retient la chaleur et laisse passer l'humidité. Calfeutrer les moindres fissures dans le haut. Ménager un passage par dessus les cadres, de manière que les abeilles puissent communiquer de l'un à l'autre. Incliner légèrement les plateaux vers l'avant pour faciliter l'écoulement de l'eau. Laisser les entrées ouvertes dans le sens de la longueur, mais réduites en hauteur à 7 millimètres pour empêcher l'entrée des souris. Un courant d'air rasant le plateau est utile, un courant d'air de bas en haut est mortel.

3. — En résumé, il faut : reine valide, forte population de jeunes abeilles, rayons construits en entier et pleins aux trois quarts de miel et de pollen, chaleur dans le groupe, aération par dessous, évaporation de l'humidité par dessus.

4. — Mettre en place le matériel devenu sans emploi. Placer les bâtisses dans une caisse ou un placard, à l'abri des rongeurs et des teignes; les passer au préalable à la vapeur de soufre. Les cadres Layens peuvent être laissés dans les ruches, mais ils moisissent quelquefois.

5. — Epurer sans retard les opercules et les débris de cire.

6. — Noter l'état des ruches et ses diverses observations.

Le bon hivernage est, comme on dit à l'école,
Le vrai couronnement de notre art apicole.

BIBLIOTHÈQUE NATIONALE
IMPRIMÉS

Pendant l'hiver.

NOVEMBRE, DÉCEMBRE, JANVIER, FÉVRIER

1. — Incliner contre le devant des ruches une planchette qui laisse entrer l'air, mais arrête la neige et la pluie apportées par les vents et aussi, en temps de neige, les rayons trompeurs du soleil. Enlever ces planches quand le temps permet aux abeilles de sortir ; au besoin, favoriser ces sorties : elles augmentent la consommation, mais donnent aux abeilles santé et vigueur.

2. — Il ne faut, sous aucun prétexte, déranger les abeilles. Ce n'est pas le moment de mener des visiteurs au rucher ; écarter les chats, les souris, les oiseaux. — Enlever très doucement, avec un fil de fer recourbé, les abeilles mortes et les débris qui obstrueraient la portière. Laisser dans la neige les ruches en plein air : elle maintient la chaleur. Ne jamais ouvrir les ruches : les vivres ont du être donnés en automne et, à partir de la Toussaint, l'abeille n'a besoin de rien. Pour nourrir, attendre le mois de mars.

3. - Rentrer les colonies faibles, si l'on veut les conserver, dans un local sec, obscur, tranquille, ayant un air pur, une température égale et sans communication avec une pièce chauffée.

4. — Si on a besoin de déplacer une ruche, opérer immédiatement avant une sortie ; s'il faut la transporter un peu loin, opérer après une sortie. Mais si les gelées sont fortes, mieux vaut attendre en mars. Les abeilles doivent sortir avant et après avoir été déplacées.

5. — En février, quand le temps redevient doux, la ponte commence : nettoyer le plateau sans secousses pour la ruche et diminuer les ouvertures, car la chaleur est plus nécessaire que jamais.

6. — En hiver, préparer son matériel de l'année suivante : fabriquer des ruches, réparer les rayons, remplacer par des alvéoles d'ouvrières les rayons à cellules de mâles, etc. — Se concerter avec ses voisins pour faire ses achats en commun. — Lire et relire son *bulletin* et quelques bons livres apicoles. — Recopier ses notes et observations pour les envoyer au Président de la Société, qui en fera profiter tout le monde par la voie du *Bulletin*.

7. — A l'occasion des fêtes, propager le miel et ses dérivés par des cadeaux. L'abbé Voirnot indique cent manières de l'employer. Insister surtout auprès des malades et des amis. En cas de toux, prendre du miel matin et soir dans un bol de lait.

Hélas ! qu'est devenu ce temps, cet heureux temps !
Où le miel en faveur faisait vivre cent ans !

Comptes apicoles.

Celui qui tient des comptes réguliers ne peut pas se ruiner.

DATES		DÉTAIL DES OPÉRATIONS	Recettes		Dépenses	
		Totaux à reporter. . .				

DATES		DÉTAIL DES OPÉRATIONS	Recettes	Dépenses
		Report. . .		
		Totaux à reporter. . .		

DATES		DÉTAIL DES OPÉRATIONS	Recettes	Dépenses
		Report .		
		Totaux à reporter. . .		

DATES	DÉTAIL DES OPÉRATIONS	Recettes	Dépenses
	Report. . .		
	Totaux à reporter. . .		

DATES	DÉTAIL DES OPÉRATIONS	Recettes	Dépenses
	Report. . .		
	Totaux. . .		

RÉCAPITULATION

RECETTES		DÉPENSES	
Abeilles		Abeilles	
Miel		Nourrissement	
Autres produits		Cire gaufrée	
		Ruches et outillage	
		Livres et Société	
Total. . .		Total. . .	

BALANCE :

Recettes :

Dépenses :

Différence : en

Particularités relatives à chaque ruche.

NOTA. — Les cases de la ruche n° 1 ont été remplies pour servir d'exemple.

N° DE LA RUCHE	RACE des abeilles	Âge de la reine.	DATE de la mise en place	DÉPLACEMENT	NOMBRE de cadres		POPULATION		PROVISIONS		COUVAIN		DÉPENSES		ESSAIMS	Récolte	OBSE[illegible]
					printemps	automne	printemps	automne	printemps	automne	printemps	automne	cire	nourrissement			
1	italienne	2 mai 1895	1er avril 1894	permutée avec 6 le 28 mai 1895	8	10	sur 6 c. forte	sur 9 c. très forte	12 k.	18 k.	5 dmq	10 dmq	3 fr.	2f 20	»	27 kilos	a fourn[illegible] de [illegible] au n° 8
2																	
3																	
4																	
5																	
6																	
7																	

Particularités relatives à chaque ruche.

…E …es	âge de la reine.	DATE de la mise en place	DÉPLACEMENT	NOMBRE de cadres		POPULATION		PROVISIONS		COUVAIN		DÉPENSES		ESSAIMS	Récolte	OBSERVATIONS
				printemps	automne	printemps	automne	printemps	automne	printemps	automne	cire	nourrissement			

Particularités relatives à chaque ruche.

N° de la ruche	Race des abeilles	Âge de la reine.	Date de la mise en place	Déplacement	Nombre de cadres		Population		Provisions		Couvain		Dépenses		Essaims	Récolte	O
					printemps	automne	printemps	automne	printemps	automne	printemps	automne	cire	nourrissement			
22																	
23																	
24																	
25																	
26																	
27																	
28																	

INVENTAIRE
de l'avoir apicole à la fin de l'année 189 .

NOMBRE	OBJETS	VALEUR	
	Ruches à cadres, estimées		
	Ruches fixes, estimées		
	Outillage		
	miel		
	Cire		
	Ruches vides		
	Rayons construits		
	Total.		

Fait à ...., le 31 décembre 189

Le Gérant, MINORET.

JOURNAUX APICOLES

— *Bulletin du Rucher des Allobroges et de la Société d'apiculture de la Hte-Savoie.* — Directeur, M. MINORET, instituteur à St-Alban-des-Villards (Savoie). (Paraît tous les deux mois. Prix, 2 francs).

L'Apiculteur. — Directeur, M. SEVALLE, 28, rue Serpente, Paris. (Mensuel. Prix, 5 francs).

— La *Revue internationale.* — Directeur, M. BERTRAND, à Nyons (Suisse). (Mensuel. Prix, 5 francs).

— Le *Rucher Belge.* — Directeur, M. Walhelet, instituteur à Prayon-Trooz, près de Liège. (Mensuel. Prix : 3 fr. 50).

— La *Revue Eclectique* — Directeur, M. l'abbé MÉTAIS, curé de Ste-Solines, par Lezay (Deux-Sèvres). (Mensuel. Prix, 4 fr.)

— Le *Bulletin d'Apiculture de l'Alsace-Lorraine.* — Directeur, M. DENNLER, instituteur à Enzheim (Strasbourg).

— Le *Bulletin de la Société de l'Aube* — M. VIGNOLE, à Beaulieu, par Nogent-sur Seine (Aube).

— Le *Bulletin de la Société d'Eure et Loir.* — M. JAVOUHEY, à Chartres (Eure-et-Loir).

— Le *Bulletin de la Société de la Bourgogne.* — M. l'abbé BOYER, curé de Béon, par Cezy (Yonne).

— Le *Bulletin de la Société de la Somme.* — M. DEVAUCHELLE, à l'Etoile, par Felixecourt (Somme).

— Le *Rucher de la Région du Nord.* — M. LEROY, à Amiens (Somme).

— Le *Bulletin de l'Aube.* — M. BRUNET, à Ste-Savine (Aube).

— Le *Bulletin de la Société Comtoise* — M. DEROSNE, château d'Ollans, par Cendray (Doubs).

— Le *Bulletin de la Société du Tarn.* — M. DELEVE, à Lastide-Levis, par Marsac (Tarn).

— Le *Bulletin de la Société des Htes-Pyrénées.* — M. M...QUEIN, Allées nationales, à Tarbes (Htes-Pyrénées).

— Le *Bulletin de la Société du Midi.* — M. l'abbé PRUE..., curé à Ste-Rustice, par Castelnau d'Est (Hte-Garonne).

— Le *Progrès Apicole.* — M. THIBAUT, 66, avenue d'Hyon, Mons (Belgique).

— Le *Bulletin de la Fédération de Condroz et Hesbaye.* — ...LEUX, à Andenne, près Namur (Belgique).

On trouve

Ruches, Cires, Outillage, Abeilles

Chez Messieurs,

RUET A., apiculteur à Le Bois, gare d'Aigueblanche (Savoie).
BARATTA G., place de l'Hôtel de-Ville, à Chambéry (Savoie).
PICON F., à Annecy (Haute Savoie)
FRANÇOIS S., à Etaux, près La Roche (Hte Savoie).
FERRIER J.-M., à Romans (Drôme).
GARIEL R., 2 ter, quai de la Mégisserie (Paris).
PALICE E., à Neuvy-Pailloux (Indre)
CONZE, à Auroux, par Langogne (Lozère).
ROBERT-AUBERT, à Rosière (Somme).
MAIGRE A., 169, rue Rambuteau, Mâcon (S.-et L.)
TEYNAC A., à Espiet, par Branne (Gironde).
CHARDIN, à Villers-sous-Prény, par Pagny sur-Moselle (Meurthe-et-Moselle).
CRASQUIN-BAR, à Villers en Cauchies (Nord).
DURAND, 21, rue Rambuteau, Mâcon (S.-et-L.)
Dlles COTTARD, à Cours-les-Barres (Cher).
BERTRAND, à Vélars, près Dijon (Côte d'Or).
PASCHOUD, 30, rue du Rhône (Genève).
A la Trappe, de Ste-Marie du Désert (Haute-Garonne).
THIOLLON, 10, quai du Louvre, Paris.

On trouve des abeilles de toutes races chez Messieurs

BALDENSPERGER, 10, boulevard Risso, Mont-Gros, à Nice (Alpes Maritimes).
BELLOT Maurice, à Chaource (Aube).
BIAGGI Antonio, à Padevilla, près Bellinzona (Suisse).
TRÉMONTANI Antonio, à Portovaltravaglia, lac Majeur (Italie).
MICHAEL Ambrozic, à Moïstrana, par Lengenfeld, Carniole (Autriche).

www.ingramcontent.com/pod-product-compliance
Lightning Source LLC
LaVergne TN
LVHW020312230826
846091LV00006B/2642

* 9 7 8 2 0 1 1 3 4 1 1 7 4 *